AF542886

DESCUBRE LOS PLANETAS

Mercurio

Alexis Roumanis

LIGHTBOX
openlightbox.com

Entre a
www.openlightbox.com
e ingrese el código único
de este libro.

CÓDIGO DE ACCESO

LBT99926

Lightbox es una completa solución digital para enseñar y aprender temas curriculares de una manera original e innovadora. Lightbox se basa en las Normas Curriculares Nacionales.

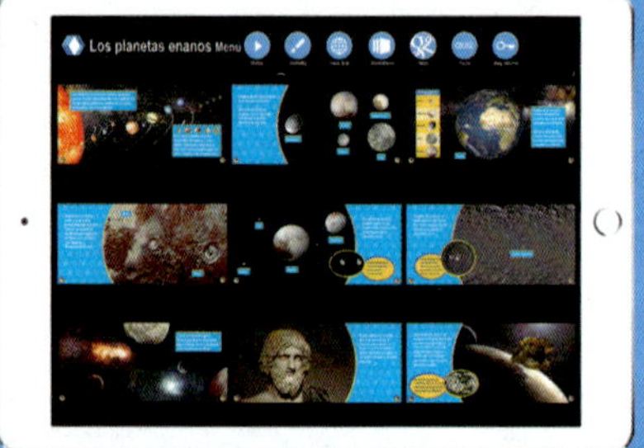

OPTIMIZADO PARA

- ✓ TABLETAS
- ✓ PIZARRAS ELECTRÓNICAS
- ✓ COMPUTADORAS
- ✓ ¡Y MUCHO MÁS!

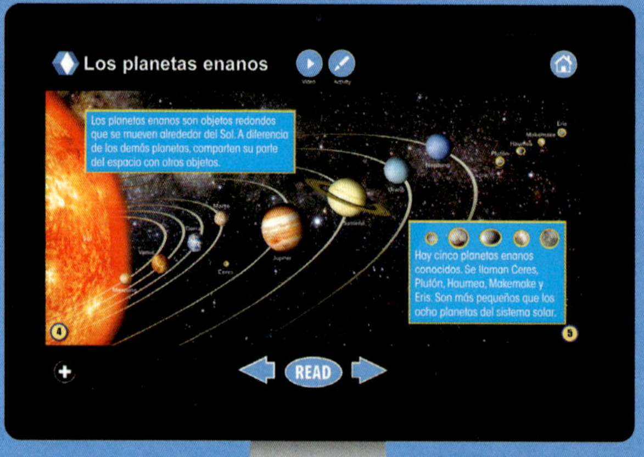

CARACTERÍSTICAS ESTÁNDAR DE LIGHTBOX

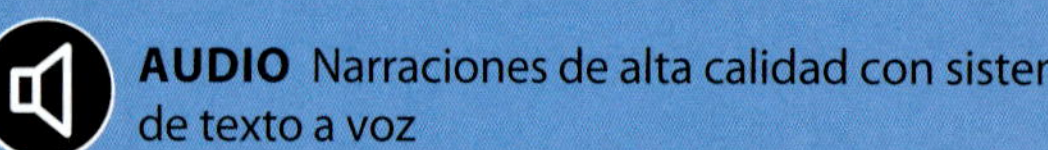
AUDIO Narraciones de alta calidad con sistema de texto a voz

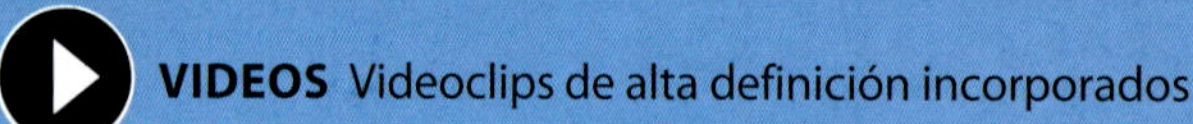
VIDEOS Videoclips de alta definición incorporados

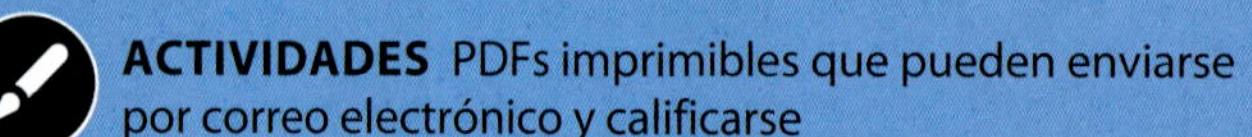
ACTIVIDADES PDFs imprimibles que pueden enviarse por correo electrónico y calificarse

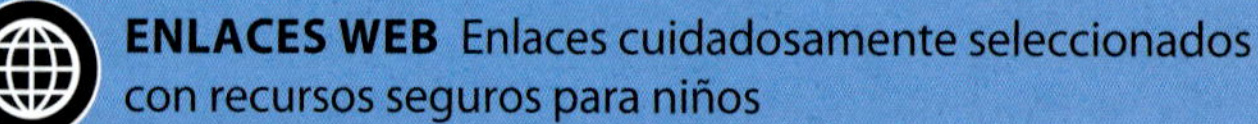
ENLACES WEB Enlaces cuidadosamente seleccionados con recursos seguros para niños

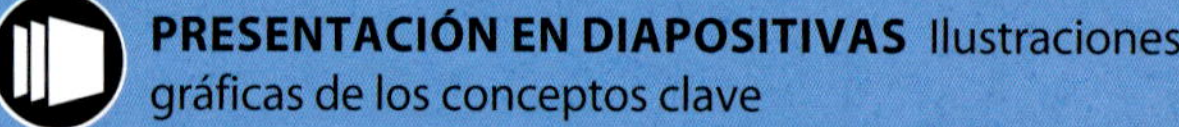
PRESENTACIÓN EN DIAPOSITIVAS Ilustraciones gráficas de los conceptos clave

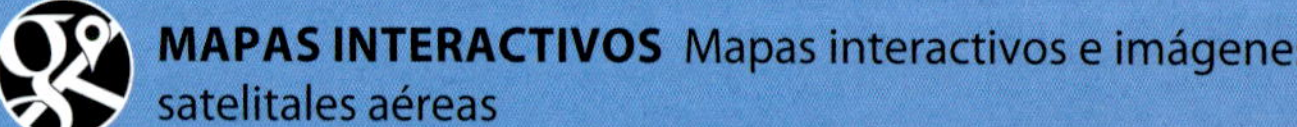
MAPAS INTERACTIVOS Mapas interactivos e imágenes satelitales aéreas

CUESTIONARIOS Diez preguntas de elección multiple con puntaje automático que se envían por correo electrónico al docente para su evaluación

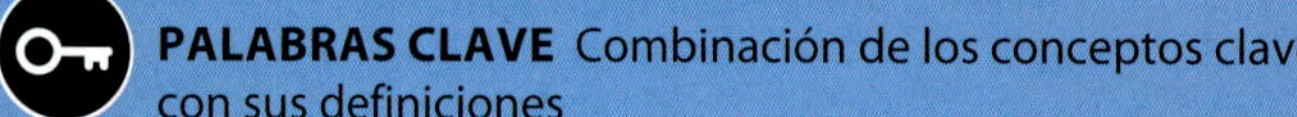
PALABRAS CLAVE Combinación de los conceptos clave con sus definiciones

VIDEOS

ENLACES WEB

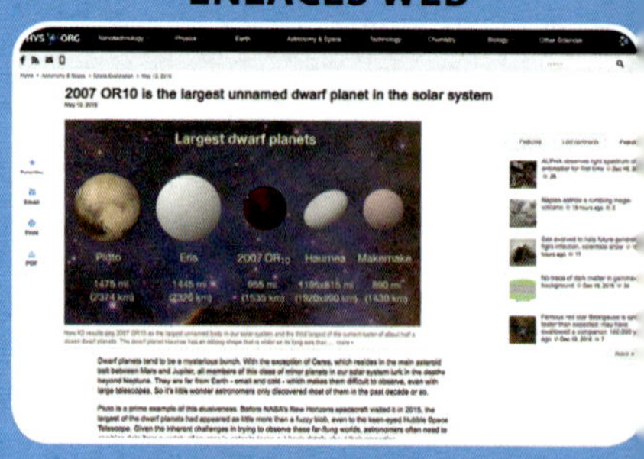

PRESENTACIÓN EN DIAPOSITIVAS

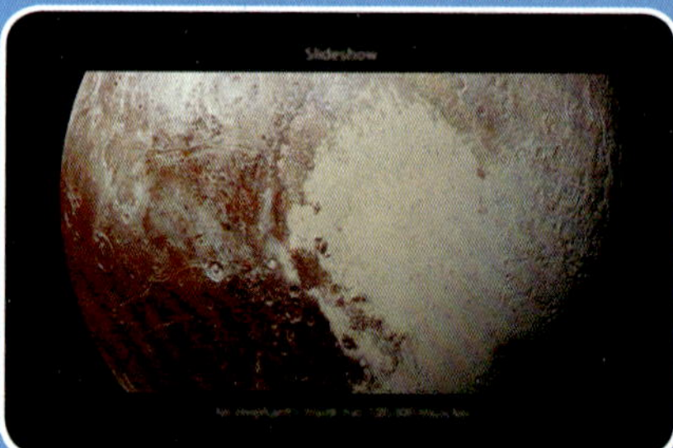

CUESTIONARIOS

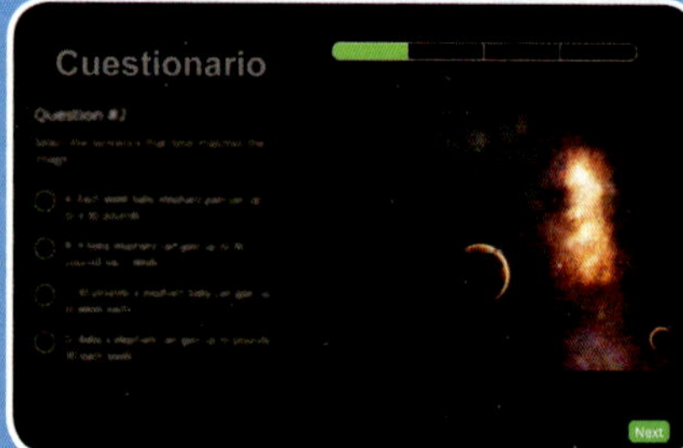

DESCUBRE LOS PLANETAS

Mercurio

En este libro aprenderás

dónde se encuentra

cómo es

cómo aprendemos sobre Mercurio

¡y mucho más!

Sol
Marte
Tierra
Venus
Júpiter
Ceres
Mercurio

Mercurio es un planeta que se mueve alrededor del Sol. Mercurio es el planeta más cercano al Sol.

Mercurio se parece a la luna de la Tierra. La superficie de Mercurio está cubierta de pozos llamados cráteres. Algunos de estos cráteres fueron hechos por meteoritos que golpearon al planeta.

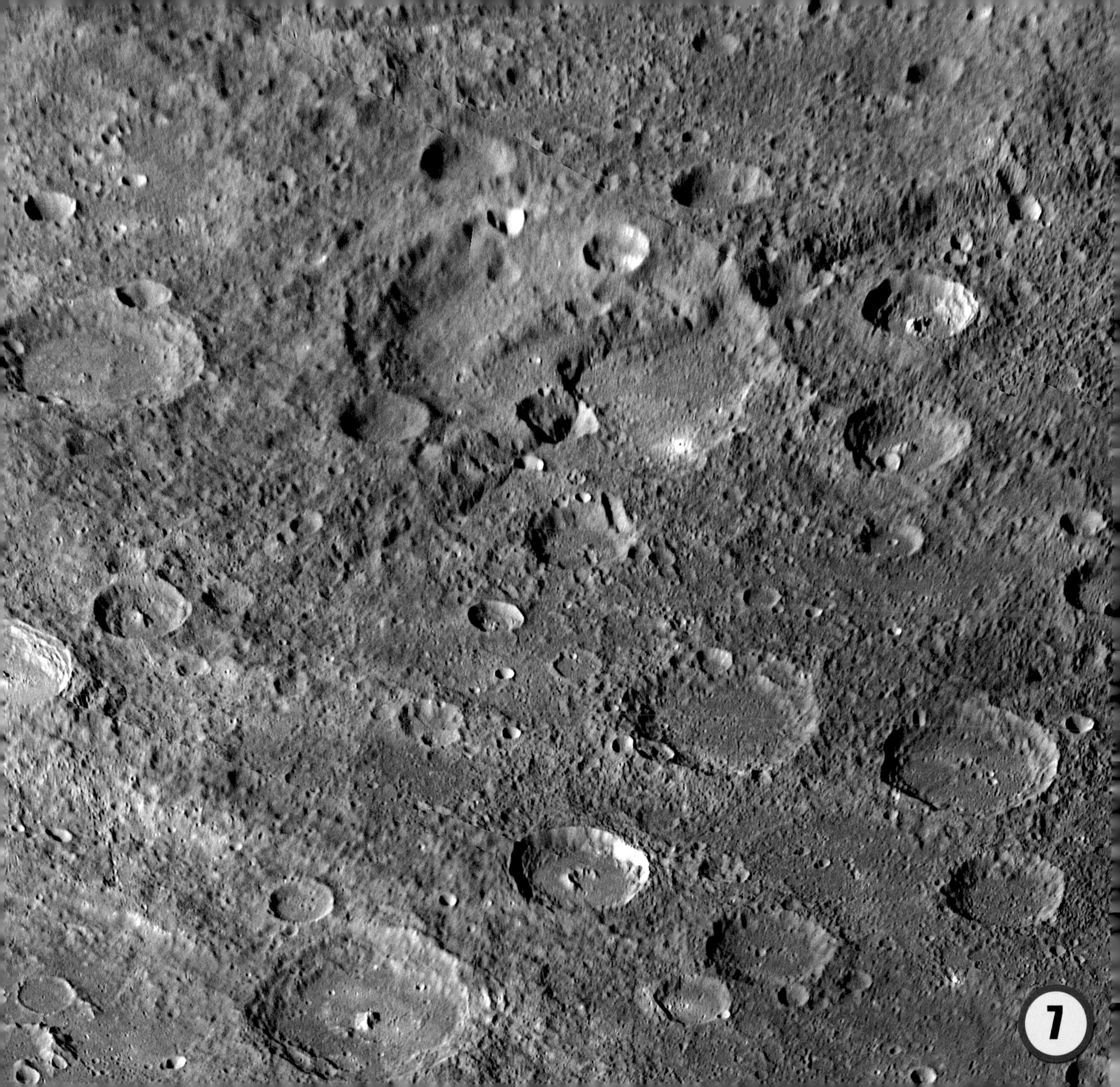
7

Mercurio
Tierra

Mercurio es el planeta más pequeño del sistema solar. Mide un tercio del ancho de la Tierra.

Mercurio es un planeta rocoso compuesto principalmente por hierro. Por eso, es muy pesado.

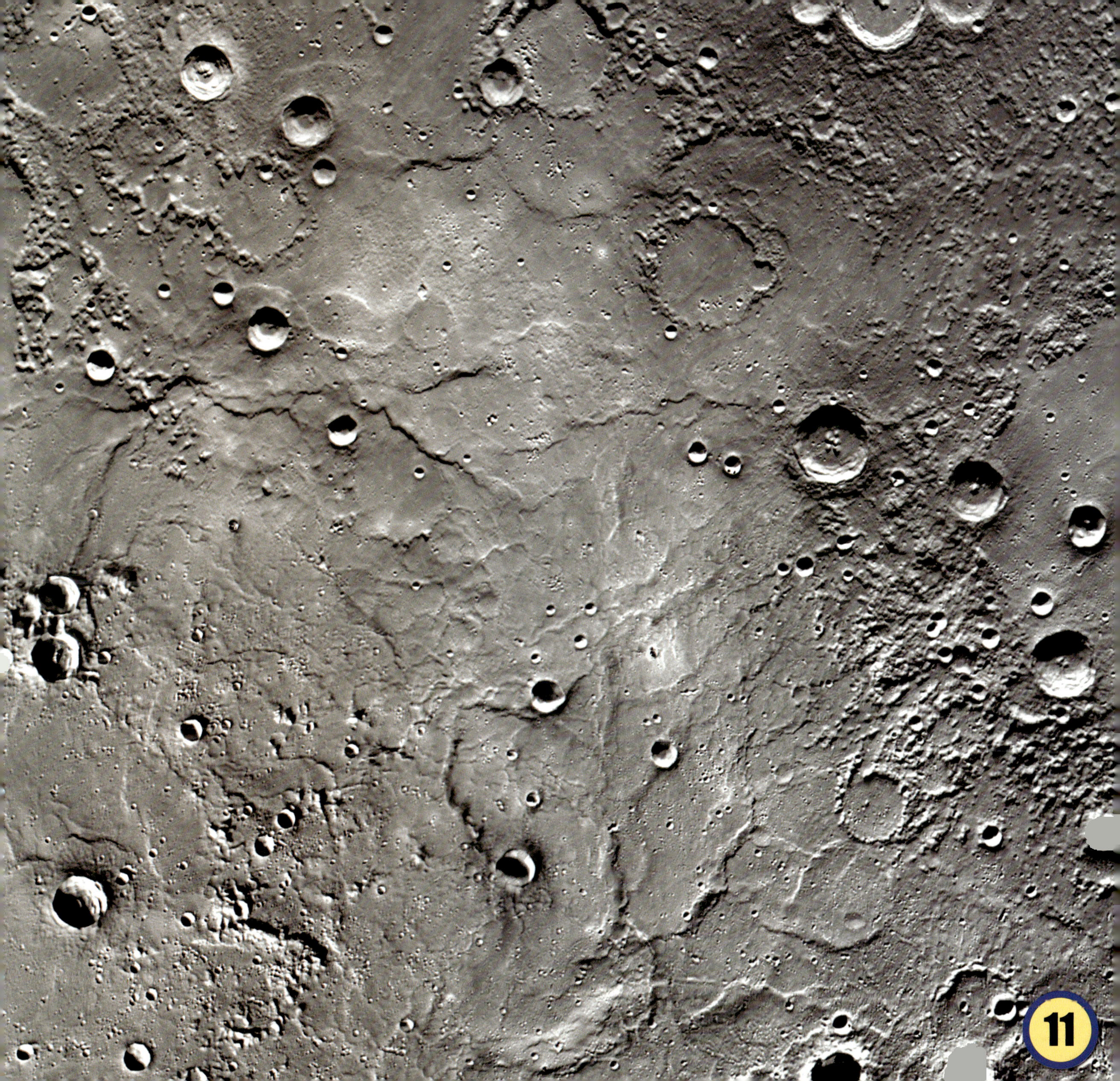
11

Venus

Mercurio

Mercurio no tiene lunas. Junto con Venus, son los dos únicos planetas que no tienen lunas. Mercurio pudo haber sido alguna vez la luna de Venus.

Una de las lunas de Saturno se llama Titán. Júpiter tiene una luna llamada Ganímedes. Ambas son más grandes que Mercurio.

Carnegie Rupes es una gran arruga que tiene Mercurio. Algunas zonas llegan a ser hasta ocho veces más altas que la Gran Pirámide de Egipto.

Las arrugas de Mercurio se formaron cuando el planeta se enfrió.

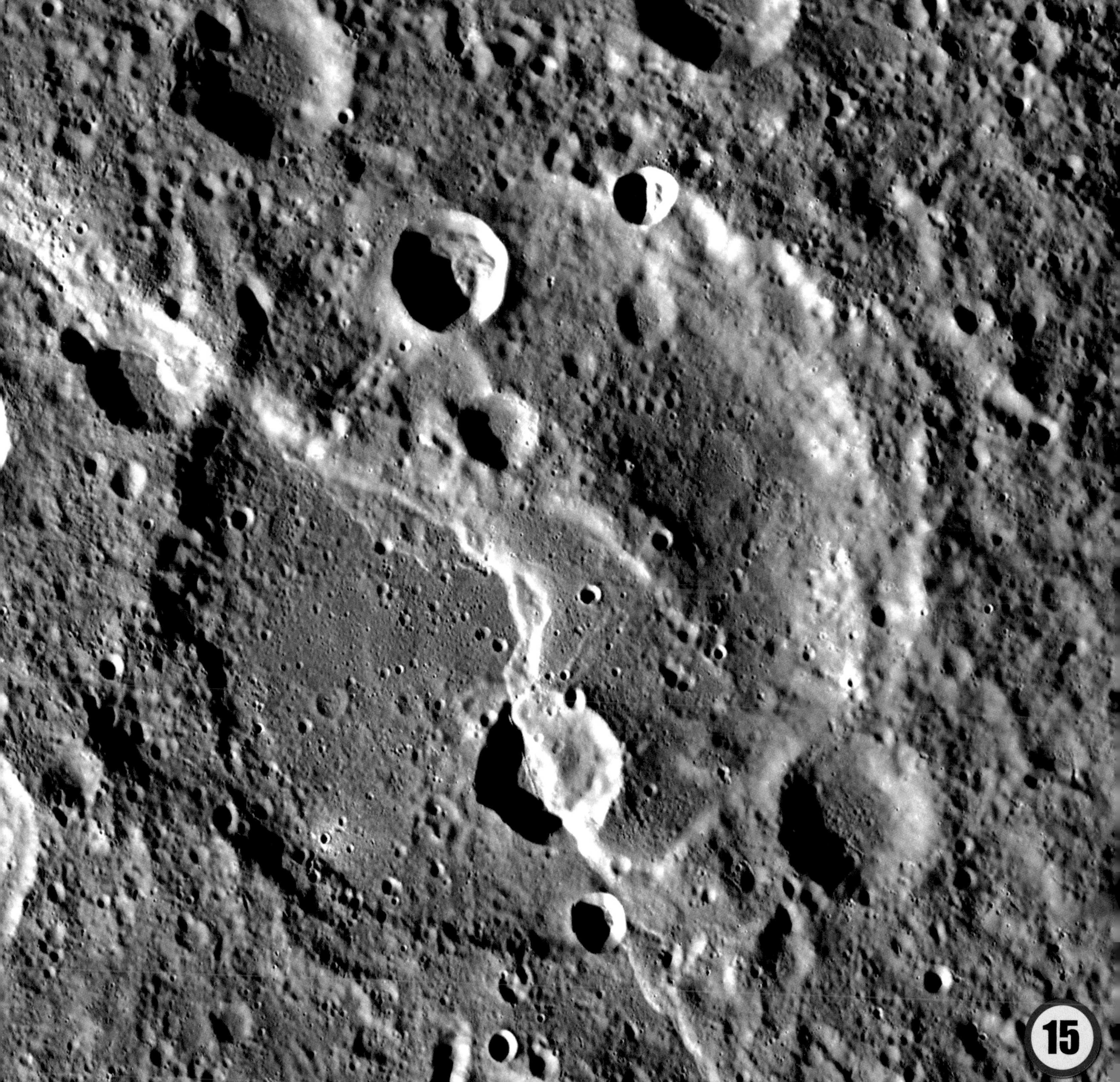

15

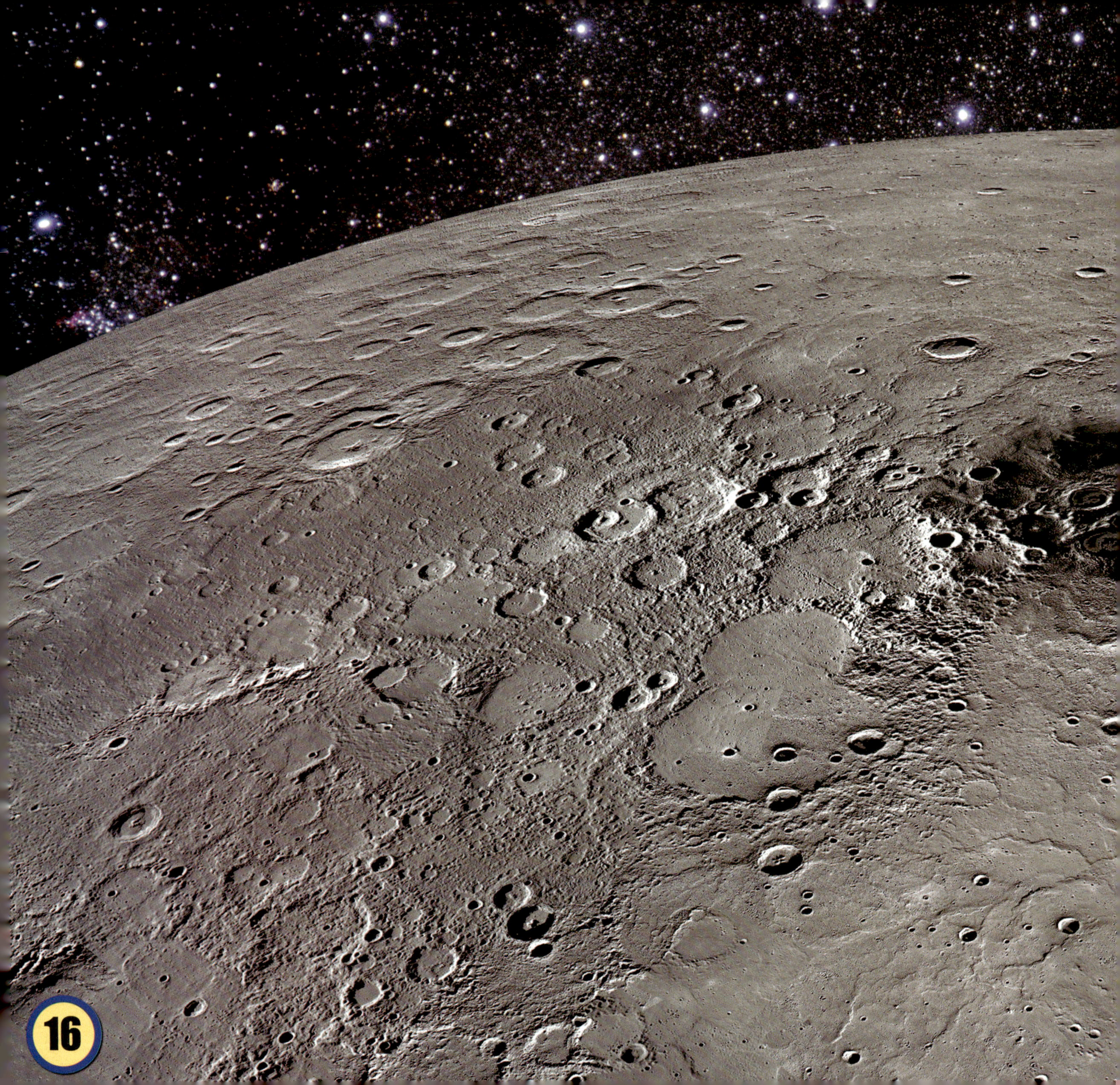

Cada planeta tiene una temperatura diferente. Mercurio es mucho más caliente que la Tierra. Es uno de los planetas más calientes del sistema solar.

Mercurio recibe su nombre de un dios romano, que era un dios muy veloz. Los romanos llamaron al planeta Mercurio porque se movía rápidamente por el cielo.

Los científicos envían al espacio vehículos llamados sondas para estudiar el sistema solar. En 2018, se lanzará una sonda llamada *BepiColombo*. Tardará casi siete años en llegar a Mercurio.

La sonda *BepiColombo* se lanzará desde el Centro Espacial de Guayana, en Kourou, Guayana Francesa.

DATOS SOBRE MERCURIO

Estas páginas contienen más detalles sobre los interesantes datos de este libro. Están dirigidas a los adultos, como soporte, para que ayuden a los jóvenes lectores a redondear sus conocimientos sobre cada planeta presentado en la serie *Descubre los planetas*.

Páginas 4–5

Mercurio es un planeta. Los planetas son objetos redondos que se mueven, u orbitan, alrededor de una estrella y tienen la suficiente masa para apartar a los objetos más pequeños de sus órbitas. Los planetas enanos comparten su parte del espacio con otros objetos. El sistema solar de la Tierra tiene ocho planetas, cinco planetas enanos conocidos y muchos otros objetos espaciales que orbitan alrededor del Sol. Mercurio está a 36 millones de millas (58 millones de kilómetros) del Sol. Mercurio tarda 88 días terrestres en dar una vuelta alrededor del Sol.

Páginas 6–7

Mercurio se parece a la luna de la Tierra. Desde el espacio, Mercurio se ve gris con muchos cráteres. Los cráteres de Mercurio se formaron por el impacto de asteroides, cometas y meteoritos. También tiene grandes acantilados de hasta 1 milla (1,6 km) de altura. Estos acantilados se formaron porque el interior de Mercurio se fue enfriando y contrayendo con el paso del tiempo.

Páginas 8–9

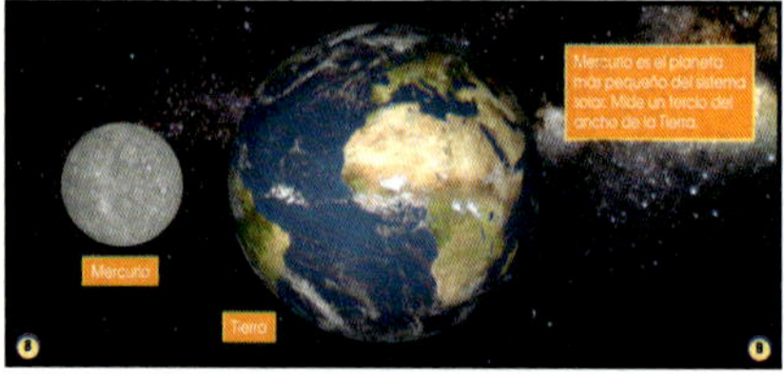

Mercurio es el planeta más pequeño del sistema solar. Mercurio es 18 veces más pequeño que la Tierra. La gravedad es una fuerza que atrae a los objetos hacia el centro de un planeta. La gravedad varía según el planeta por la diferencia de tamaño y masa. La fuerza de gravedad de Mercurio es menor que la de la Tierra. Un objeto que en la Tierra pesa 100 libras (45 kilogramos), pesaría 38 libras (17 kg) en Mercurio.

Páginas 10–11

Mercurio es un planeta rocoso. El centro, o núcleo, de Mercurio ocupa el 75 por ciento del planeta. Este núcleo está formado por hierro líquido y fundido. La capa exterior de Mercurio se llama corteza. Tiene unas 250 millas (400 km) de espesor. El planeta está compuesto por una gran cantidad de potasio y azufre.

Páginas 12–13

Mercurio no tiene lunas. Algunos científicos creen que Mercurio pudo haber sido alguna vez la luna de Venus, que se apartó de su órbita. Esto explicaría por qué ninguno de estos dos planetas tiene luna. Además, pudo haber sido difícil que la débil fuerza gravitacional de Mercurio atrajera a una luna. La potente fuerza gravitacional del Sol, y su proximidad con Mercurio, seguramente atraería a cualquier luna que tuviera Mercurio antes de que pudiera llegar a orbitar alrededor del planeta.

Páginas 14–15

Carnegie Rupes es una gran arruga de Mercurio. Las arrugas de Mercurio se llaman escarpas lobulares. Se forman por la contracción del planeta. Mercurio se contrajo cuando su interior se enfrió. Esto hizo que algunas partes del terreno se plegaran sobre otras. Los científicos creen que el diámetro de Mercurio se encogió unas 2 millas (3 km) cuando el planeta se contrajo.

Páginas 16–17

Cada planeta tiene una temperatura diferente. La temperatura promedio de Mercurio es de 332° Fahrenheit (167° Celsius). En la Tierra, la temperatura promedio es de 46°F (8°C). El único planeta más caluroso que Mercurio es Venus. La atmósfera son gases que rodean a un planeta. Como Mercurio está tan cerca del Sol, no tiene atmósfera. Venus tiene una atmósfera densa que ayuda a conservar el calor.

Páginas 18–19

Mercurio recibe su nombre de un dios romano. Era el dios romano del comercio y el viaje. Los romanos veían que Mercurio se movía rápidamente por el cielo y decían que siempre estaba apurado. Solían representar a Mercurio con alas en la cabeza. Muchas civilizaciones antiguas observaron al planeta. Los antiguos griegos creían que Mercurio eran dos objetos diferentes a los que llamaron Apolo y Hermes.

Páginas 20–21

Los científicos envían al espacio vehículos llamados sondas para estudiar el sistema solar. La sonda *BepiColombo* fue creada por la Agencia Espacial Europea y la Agencia de Exploración Aeroespacial Japonesa. Se lanzará en 2018 y arribará a la órbita de Mercurio a fines de 2024. Entre otras cosas, la *BepiColombo* estudiará la estructura, composición y origen de Mercurio.

Published by Smartbook Media Inc.
350 5th Avenue, 59th Floor New York, NY 10118
Website: www.openlightbox.com

Library of Congress Control Number: 2017961918

ISBN 978-1-5105-3390-5 (hardcover)
ISBN 978-1-5105-3391-2 (multi-user eBook)

Printed in the United States of America in Brainerd, Minnesota
1 2 3 4 5 6 7 8 9 0 22 21 20 19 18

012018
011518

Spanish Project coordinator: Sara Cucini
Spanish Editor: Translation Services USA
English Project coordinator: Katie Gillespie
Art Director: Terry Paulhus

Every reasonable effort has been made to trace ownership and to obtain permission to reprint copyright material. The publisher would be pleased to have any errors or omissions brought to its attention so that they may be corrected in subsequent printings.

The publisher acknowledges Alamy, Getty Images, iStock, , NASA, and Shutterstock as its primary image suppliers for this title.